걸어온 시간 + 걸어갈 길

걸어온 시간 + 걸어갈 길

먼저 하는 후회는 없다

알프레드 김 지음

좋은땅

차례

1. 오늘을 걷다 ··· 10
2. 어머니 I ··· 12
3. 보고 싶은… ··· 14
4. 나의 아저씨(드라마) ··· 18

5. 오른손과 왼손 ··· 20
6. 건너지 않은 길 ··· 22
7. 문 ··· 24
8. 먼저 하는 후회는 없다 I ··· 26

9. 어머니 II ··· 28
10. 만남의 배려 ··· 30
11. 나는 몇 층에 있는가 ··· 32
12. 인연 ··· 36

13. 내부로 향하는 ··· 40
14. 토끼와 사자 ··· 44
15. 제르베즈(목로주점) ··· 46
16. 먼저 하는 후회는 없다 II ··· 48

17. 기억 ··· 50

18. 자신을 사랑한다는 것은 ··· 52
19. My Way ··· 54
20. 해인사에서 ··· 56

21. 흰 목련 ··· 58
22. 흰 눈이 내릴 때 ··· 60
23. 오래된 습관 ··· 62
24. 이해의 착각 ··· 64

25. 나의 그리움 ··· 68
26. 내면의 힘 ··· 70
27. 눈높이 ··· 74
28. 가면을 벗고 ··· 78

29. 생각의 길에서 ··· 80
30. 사람들 ··· 82
31. 말보다 태도 ··· 84
32. 소녀와 소년 ··· 86

33. 그림자처럼 ··· 88
34. 빗장이 없는 공간 ··· 90
35. 왜 ··· 92
36. 마음 ··· 94
37. 눈을 감다 ··· 96

인사의 글

제가 좋아하며, 틈틈이 떠올리면서 저의 생각과 삶을 생각하게 하는 문장들 중에, 니코스 카잔차키스의 묘비명이 있습니다. "나는 아무것도 바라지 않는다. 나는 아무것도 두려워하지 않는다. 나는 자유다."라는 문장입니다.

다들 아시는 반야심경이 있습니다. 제가 이 경전 한글본을 처음 접했을 때, 이 경전 중의 몇 구절과 위의 묘비명이 똑같은 내용이어서 놀랐던 기억이 납니다. 그때 제가 느낀 것은, 사고의 정점에 이른 사람들은, 거기에 도달하는 길과 방법은 달랐어도 도달한 곳은 같지 않았나 하는 점이었습니다. 동·서양의 탁월했던 많은 철학자, 사상가들처럼 말입니다.

제가 이 부족한 글들을 굳이 책으로 출간하게 된 이유는, 지금까지 미루어 온 오래된 숙제들 중 하나는 이제 끝내야 될 것 같고, 저에게 주는 작지만 큰 선물이 될 것 같아서입니다.

제 경우에, 어떤 분야의 책이었든, 몇 페이지 분량의 책이었든, 몇 페이지를 읽었든, 단 한 단어, 한 문장이라도 저를 잠시 멈추게 하여, 저를 돌아보고 주변을 살펴볼 수 있게 하는 책이었다면, 성공한 글 읽기라는 생각을 가지고 있습니다.

혹시 인연이 닿아서 저의 이 부족한 글들을 읽게 되시는 분들이 계신다면, 이 삼십여 편의 글들 중에서 단 한 문장, 단 한 편의 글이더라도 마음에 닿을 수 있는 글이 있어서, 잠시 쉬어 가실 수 있는 시간이 되신다면 저에겐 큰 기쁨이며 보람이 될 것입니다.

저를 위한 선물임에도 불구하고, 이 책이 출간될 수 있도록 처음부터 끝까지 도와주신 좋은땅 출판사에 감사한 마음을 전하며, 부족한 이 책이 나올 수 있도록 마음과 힘을 보태 주신 형과 동생, 친구들에게도 감사를 드립니다. 그리고 이 책을 읽으시는 모든 분들께도 미리 감사의 마음을 올립니다.

많이 부족한 글들이지만, 열린 마음으로 짬짬이 읽어 주시면 감사하겠습니다. 제가 미처 생각하지 못했던 부분들을, 이 글들을 읽으시는 분들이 더 많이 느끼고 생각할 수 있는 시간이 되실 수 있기를 진심으로 희망해 봅니다.

마지막으로, 부족한 책 한 권은 남기지만, 이름은 필명으로 출간합니다. 행복하시기를 기원합니다.

2025년 뜨거운 여름에
Alfred Kim

오늘을 걷다

그대는 길 위를
계속 걸어가는 사람이
되어라

언제, 어디에서
멈춰 섰는지도 모른 체
살아가는 삶이 아닌

그 길의 끝에
무엇이 있을 거라는

무엇이 있어야 한다는
기대나 욕심 없이

오늘 걸어가고 있음을
온전히 느낄 수 있는
한 사람으로

그리고

내일도 그 길에서
자신을 한없이 사랑하며
걸어가는 사람이 되어라

어머니 I

먼저 나아가
찾아갈 수도 없고
언제 올지도 알 수가 없으니
기다리기도 어렵다

그 중간에 가만히 있으려 해도
편안함이 함께하지 않으니
이것도 힘이 드는가 보다

마음은 계속 앞으로
나아가려 서두르는데

몸은 뒤에 멈춰 서서
움직이지 않으니

편안함이 깃들 자리는
그 어디에도 없어서

몸은 몸대로
마음은 마음대로

서로에게 보이지 않는
큰 상처를 남기네

원래 마음이란 부평초 같아서
흔들려야 살아 있는 마음

그 흔들림에 뿌리를 심어서
붙잡아 두려고 애를 쓰니

몸은 마음에서 점점 멀어지고
마음은 몸에 머무르지를 못하는데

끝끝내 알아차릴 길이 없네…

보고 싶은…

사람들의 눈물은
깊은 슬픔과 안타까움과 그리움을
우리네 언어로는 도저히 담을 수도
표현할 수도 없을 때 흐르는 것이며

그 지독하고 깊이 파인 상실감을
무엇으로도 메꿀 수가 없어서
눈물을 흘리는 것 말고는
아무런 방법이 없어서입니다

어느 누구나
많은 타인들이 머리로만 이해하고
가슴으로는 결코 느낄 수 없는
절망적인 슬픔의 순간을 맞닥뜨릴 수 있습니다

그 시린 아픔으로 가슴 전부를 채우지는 말고
마음 한 켠에 담아 두었으면 하는 게
저의 작은 바람입니다

여름날 강렬한 햇빛처럼 선명했던
나의 그리움과 슬픔도

오래되어 빛바랜 헌책처럼
희미해져 갈 때가 있습니다

소나기가 갑자기 내리면
속절없이 온몸이 흠뻑 젖듯이

문득문득 떠오르는 그날의 아픈 생각들은
그리움과 미안함의 밀물이 되어
나를 덮치려 달려드는 순간들이 있습니다

나는
아직은 도망갈 수도 없고
도망치고 싶지도 않습니다

내가 사랑했고 나를 사랑해 준
그 사람에 대한 모든 따뜻한 기억들은

내가 좀 더 편안한 시선으로
사람들과 세상을 바라보게 해 주는

길잡이가 되고 있고

먼 길로 떠나간 그 사람이
진심으로 나에게 바라는 것이라는
믿음이 있어서입니다

나의 아저씨(드라마)

어느 날 삶의 방향을
온전히 잃어버린 한 사람과
하루하루의 삶이
지옥 같았던 또 한 사람

이미 완전히 시들어 버린
꽃처럼 피폐하고
망가져 버린 두 영혼에게

오늘은
살아 있으니까
그저 살아져 가는 하루하루

내일은
지독히도 벗어나고 싶은
오늘의 또 다르면서 같은 이름…

괴로움의 원인과 고통의 양적인 부분은
달랐지만, 그 힘듦의 질적인 총량은

비슷했던 두 사람

두 사람은 서로의 망가진 영혼 속에서도
훼손되지 않고 살아 있는 순수함과
인간에 대한 본원적인 사랑을 알아봅니다

어둠 속에 머물던 두 사람의
상처받은 영혼은
서로가 가진 따듯한 온기로 치유가 되고
다시 밝은 세상으로 나오게 됩니다

나의 곁에 찬바람을 막아 주는
바람막이 같은 누군가가 곁에 있다면
크나큰 행운으로 감사히 받아들이고

내가 누군가가 쉬어 갈 수 있는
그늘이 되어 주는 사람이 된다면
행복이라고 부르고 싶습니다

너무나 젊은 나이에
스스로 먼 길로 떠나가 버린
그 배우가 진정으로 안타까운 오늘입니다

오른손과 왼손

당신의 채워져 있는
오른손은
누군가의 비어 있는 왼손

당신의 비어 있는
왼손은
누군가의 채워져 있는 오른손

채워져 있는 당신의 오른손에
늘 감사하며

비어 있는 당신의 왼손에
허기짐을 느끼지 말기를…

오른손도 비어 있고
왼손도 비어 있는

많은 누군가들은

오늘도 힘겨운 하루를 버텨 나가고
있음을 알아차리면

욕심에 충실한 그 마음은
저 넓은 바다를 다 채워도
메마른 땅과 다르지 않고

무엇이든 나누려는
따듯한 그 작은 마음 한 조각은
저 넓은 하늘을 가득 채운다

건너지 않은 길

오늘은 왈칵 눈물이
쏟아집니다

누르고 눌러서 깊이를 알 수 없는
저 깊은 곳으로 가라앉아 있다고
생각했는데
그게 아니었나 봅니다

이 눈물은
떠나보냈다고 착각한
나 자신에 대한 연민인지

아니면, 떠나보낸 그 대상을
아직도 잊지 못해서
흘러내리는지 알 수가 없습니다

걸어온 길, 돌아갈 수 없는 길
걸어갈 길, 알 수 없는 길

그 두 길 사이에서
나의 슬픔이었든 그리움이었든

그 길의 한가운데에
멈추어 서서
단 한 걸음도 옮기지 못하고 있는 나를
오늘 내가 봅니다

나는 그 길을 온전히 건너왔다고
이제까지 스스로를 속이고 있었나 봅니다
아니면, 속고 싶었는지도 모를 일입니다

고개 들어 하늘을 보니
시시각각 모습을 바꾸며 흘러가는 구름 속에
언뜻 내 모습도 보입니다

문

입구가 없는 문은
타는 듯한 갈증과 조바심으로
우리를 몰아치고

출구가 없는 문은
차갑게 식었지만 뜨거운 후회로
우리를 묶어 놓습니다

입구가 조금 열린 그 문으로는
넘치도록 움켜쥔 두 손 때문에
우리는 들어갈 수가 없고

출구가 조금 열린 그 문에서는
남겨 놓은 뒤쪽만 바라보고 있기에
우리는 빠져나올 수가 없습니다

입구가 없는 문은
넘쳐 나는 욕심과 기대를
서서히 내려놓을 때

조금씩 우리가 들어갈 수 있게 열리고

출구가 없는 문은
비워 내고 비워지는 공간에
아쉬움이 옅어질 때
우리가 나올 수 있는 기회를 줍니다

입구가 없는 문과 출구가 없는 문은
그저 다른 이름으로 불리는
두 개의 같은 문입니다

들어가고 난 뒤에 나올 수 있다,
나오겠다는 생각을 가지면
결코 들어갈 수도
나올 수도 없는 문입니다

먼저 하는 후회는 없다 I

어느 날 갑자기
내 곁을 떠나간 그 사람은

칠 년이 다 되어 가도
내 마음속에 생긴 텅 빈 곳으로
한 번씩 휘몰아치고 빠져나가는
시린 바람이 되어 되돌아옵니다

사람들은 떠나간 사람에 대한 상실감은
그 사람을 마음에서 완전히 떠나보내면
치유가 시작된다고 말합니다

나는 의문이 듭니다
과연 내가 그 사람을
온전히 떠나보낼 수 있는지

아니면, 언젠가 스스로
떠나가 버릴 수도 있는지를…

10년이든 20년 후에는
돌아올 수 없는 먼 곳으로

나는 이미 떠나가 버려서
모든 것을 잊어버렸을 수도 있겠지만

만약 그때까지 떠나지 않았다면
오늘 내가 하는 이 생각 속에
머물러 있을 것만 같습니다

창밖을 내다보니
비가 내리고 있습니다

바닥에 뒹굴던 꽃잎과 종이는
어디인지는 몰라도
떨어진 빗물과 함께 가는 곳이 있지만

예전에 상실되어 버린 내 마음은
박제된 것처럼 바닥에 붙어서
움직이지를 않습니다

어머니 II

그 길의 맨 끝에서
아직 오지 않은
가야 할 때를 기다리는
사람의 빈 뒷모습…

간헐적으로 나오는
부서질 것 같은 마른 기침에

지난 세월 동안
켜켜이 쌓인 미련과 회한도
같이 묻어 나온다면

저 앞, 그 길의 끝으로 가는 길이
조금은 수월할지도 모를 것 같습니다

단 하나,
그저 있는 그대로 받아들이되
그 마음과 함께 걸어가지 않기를 바라지만
이 또한 쉬운 일이 아닌가 봅니다

돌아보면

차마 헤어질 수 없는

그림자가 뒤따르고

나도 다시 걸어갑니다

남아 있는 그날이 올 때까지…

만남의 배려

누군가를 만난다면
최소한의 사랑 내지는
호감이라고 말할 수 있는
경계선 위에 서 있다고 생각한다면

시간을 내어서 만나는 것과
시간이 나서야 만나는 것에 대하여
한번쯤은 진지하게 돌아보시기를 바랍니다

상대방에 대한 부족한 배려심에는
눈뜬 장님이 되고

상대방을 자신의 이기심으로 채운 후에
상대방을 탓하는 그 어리석음보다는

차라리 만나지 않는 것이
상대방이나 자신을 위해서 좋다고 생각합니다

사랑하고 있다는 성급함과
사랑할 것이라는 무책임함과
사랑했다는 기억의 부서진 조각들이

자기 자신을 후회와 미련의 그늘 속으로
숨어들지 않도록 하면 좋겠습니다

돌아보면
길은 여러 갈래로 나 있고
그 길 위에는 아직도 많은 사람들이
있는 것을 볼 수가 있으며

그 길을 계속 걸어가다 보면
우리의 양옆으로 많은 문들이 있는 것을
볼 수가 있을 것입니다

나는 몇 층에 있는가

여기 15층 높이의 건물이 있고
1층과 10층 혹은 더 높은 층에 있는
사람들이 밖을 내다본다고 가정해 봅니다

1층에서 보는 바깥과 10층에서 보는
바깥은 어떨까요?

10층에서 본 사람은 1층에서 본 사람의
범위를 다 포함하겠지만
1층에서 본 사람은 10층에서 본 사람의
범위를 전부 볼 수가 없을 것입니다

사람의 생각의 깊이, 넓이, 높이도
이와 같다고 생각합니다

1층 높이의 생각에 머물러 있는 사람은
10층 높이의 생각을 절대 알아차리지 못하지만

10층의 생각 수준에 있는 사람은
1층에 있는 사람을 바로 알 수가 있습니다

안타까운 것은
1층의 사고 수준에 머물러 있는 많은 사람들은
자신이 10층의 사고 수준에 있는 사람들을
바로 알아볼 수가 있고

심지어 본인이 10층에 있는 사람들보다
더 높은 사고의 수준에 있다고 생각하며
믿는다는 사실입니다

눈으로 보이는 근육이나 피지컬은
즉시 인정하겠지만
눈에 보이지 않는 것들에 대하여
사람들은 쉽사리 인정하지 않습니다

정말 겸손한 마음으로
자신이 지금 몇 층에 머물러 있는지
살펴보고, 알아 가 보는 시간을 내면 좋겠습니다

한층 더 올라가기 위해

부단히 노력하는
그 시간 시간들이, 그 순간 순간들이

우리의 삶을 더 단단하고 편안한 길로
이끌어 갈 것이라는 믿음을 가져 봅니다

인연

모든 인연에는
그 각각의 무게가 있습니다

수많은 인연의 무게를
치열하게 생각하고, 겪고, 느낀 사람만이
무상하게 변하는 인연의 참의미를
알아차릴 수 있을 것입니다

아무 생각 없이
인연은 무심히 왔다가 간다고
쉽게 말하면 안 된다고 생각합니다
우리들은 어떻습니까?

가벼운 무게를
무겁게 받아들이거나
무거운 무게를
가볍게 넘겨 버리는

그 무책임과 엇갈림 속에서

참된 인연의 의미를 잃어버리고
자기 착각과 자기 만족을 인연이라고
치부하고 있는 것은 아닌지 돌아봐야 합니다

모든 인연에는
그 각각의 유효 기간이 있다고 합니다
아주 긴 인연도 있고
짧은 인연도 있습니다

길다고 다 좋은 인연도 아니고
짧다고 다 나쁜 인연도 아니겠지요

중요한 것은
어느 날 다가온 그 인연을 소중히 맞이하고
그 인연이 갑자기 다가왔던 그날처럼
한순간에 조용히 물러난 그날 뒤에도

아무런 후회가 남지 않도록
우리 곁에 인연들이 머무는 동안에
최선을 다하기를 희망해 봅니다

내부로 향하는

지식은 외부를 향하고 있어서
드러남을 부르게 되고

지혜는 내부로 향해 있어서
계속 감춰지게 됩니다

외부로 드러나는 지식은
스스로를 화려하게 치장하는 모습을 보이며
빛을 발하는 것처럼 보일 수도 있지만
그 빛은 밝은 빛 속의 빛일 뿐입니다

내부로 감춰지는 지혜는
점점 더 깊이 숨어드는 속성을 가지지만
자연스럽게 빛을 발하게 되며
그 빛은 어둠 속을 밝히는 빛이 됩니다

지식은 나를 외부에 보여 주고 싶은
작은 창이며

지혜는 나를 찾아가는 내부와 연결되는
큰 통로가 됩니다

지식의 길이는
대학을 나온 사람이 길 수 있지만
지혜의 깊이는
초등학교만 나온 사람이 더 깊을 수도 있습니다

다만, 많은 사람들이
보여지는 지식의 길이는 쉽게 인정하지만
감추어진 지혜의 깊이는 볼 수가 없기 때문에
받아들이지 않습니다

지혜의 깊이가 1미터인 사람이라면
딱 그만큼만 사람이나 상황을 볼 수가 있고

지혜의 깊이가 10미터인 사람이라면
그만큼을 보고 알 수가 있습니다

지금 내 앞에 있는 사람의 깊이를
자신의 틀에 끼워 맞춰서
재단하고 평가하면서 만족하기 전에

우리 모두는
자기 자신의 진정한 깊이를
들여다볼 수 있는 투명한 눈과
치우치지 않는 마음을 가지도록
노력해 보면 어떨까 생각합니다

토끼와 사자

비 내리는 날
창가에 서서 올려다본 하늘에

새 한 마리가 이 빗속을 날아다닌다
자유의 날갯짓일까, 외로움의 몸부림일까?

외로움은
나와 외로움이 마주 보고 있는 것

내면의 결핍이 외로움을 낳고
갈망하는 허기짐을 채우지 못한 외로움은
덩치를 키워 사람을 집어삼키려 한다

고독은
나와 고독이 한 방향을 보며 같이 있는 것

고독은 그림자와 같아서
있는 듯, 없는 듯 존재하고
떼려야 뗄 수 없는 관계

이해하는 척하는 많은 사람들보다
나의 내적 생명력을 키워 주는
동반자이자 친구가 된다

외로움은
자신보다 타인을 더 중심에 두어
사람을 약하게 만들고
밝은 듯 보이지만 어두운 길로 이끌어 가고

고독은
흔들림 없는 자신을 뿌리로 하여
사람을 강하게 만들고
어두운 듯 보이지만 밝은 길로 인도한다

제르베즈(목로주점)

극심한 가난이
어떻게, 얼마나
사람을 비참하게 만드는가

빈곤은 사람을 무기력하게 만들고
무기력함은 더 큰 나태함을 불러와서
자신의 처지를 잊어버리게 만듭니다

차라리 죽는 것이 훨씬 더 편안하게끔
사람을 유혹하고
끝이 왔음을 알면서도
더 깊은 진창 속으로 빠져듦을 느끼면서도
손가락 하나를 움직일 수가 없는… 그 지독함

제르베즈…
19세기의 그 지독한 가난함이 불러온
몰락과 파멸의 한가운데에
외로이 서서 있다가
더 외로운 길을

홀로 떠나간 안타까운 그녀…

나의 마음속 제일 깊은 곳에서 스며 나오는
그녀에 대한 나의 연민은
오랫동안 내 곁에 머물러 있을 것 같습니다

지금 우리 주위에서 똑같은 모습으로
찾아보기는 힘들겠지만

21세기형 가난은 모습을 바꾸어
우리 곁에 숨을 쉬고 존재하며

파멸의 문을 활짝 열어 놓고
그녀처럼 누군가를 나락으로 떨어뜨립니다

누군가 그 문을 찾기 전에
누군가 그 문으로 들어가기 전에
우리는 무엇이라도 해야만 하고
할 수 있는 무엇이 있음을 알았으면 좋겠습니다

먼저 하는 후회는 없다 II

다리(橋)가 없어도
강을 건널 수 있듯이

눈이 보이지 않아도
걸어갈 수 있듯이

어렵고 힘이 들겠지만
지켜 나가야 하는 그 길은
언제나 우리 곁에서 함께 하고 있습니다

우리가 그 길을 보려고 하지 않고
편하고 쉬운 길에 몸과 마음을 맡기면서
무심히 지나치고 놓쳐 버린 소중한 것들은

나중에 후회라는 이름으로 되돌아와서
우리를 아프게 할 수도 있습니다

우리가 먼저 하는 후회는 없음을
진지하게 마음 속에 품고 살아간다면

우리는 그렇게 쉽게 생각을 하고, 말을 하고
행동을 하지 않을 것입니다

살다 보면 적으면 적을수록 좋은 게 있습니다
후회도 그렇지 않은가요?
떠난 뒤에, 잃어버린 뒤에, 뒤늦게 알고 나서
우리는 많은 후회를 하게 됩니다

후회는 피할 수 있는 것은 아니지만
줄일 수 있는 여러 신호들은
우리들 내부에서 언제나 울려 나옵니다

다만, 우리들이 듣지 않거나
들어도 그냥 지나쳐 버리기 때문입니다

어떤 것을 곁에 둘 것인지
무엇을 버려야 할 것인지를
항상 생각하면서

모든 사람들이
자신들의 앞에 놓인 그 길을
가볍지만 당당하게 걸어가기를 기원합니다

기억

살아가다 보면
문득 누군가가 생각나는 날이
있을 수 있습니다

비가 그친 후 보이는
밝은 태양과 파란 하늘처럼
선명한 기억일 수도

안개가 자욱한 산속에서
길을 더듬어 찾듯이
희미한 기억일 수도

밀려오는 파도에 모래가
속절없이 쓸려 가 버리듯이
잊혀 버린 기억일 수도 있습니다

그리움이든, 미움이든, 미련이든
모든 이 기억들은 누군가가
우리에게 남겨 준 것이 아니라고 생각합니다

오로지

우리 스스로가 만든 허망한 기억들이지만
어제의 그 기억의 조각 조각들이
오늘의 우리를 맞추려는 것뿐입니다

자신을 사랑한다는 것은

나는 나 자신을
더 아끼고 사랑하는 마음을
가지고 살려고 노력합니다

하지만, 완전히 그럴 수는 없을 것 같으며
그래서도 안 될 것 같습니다

누군가에게 가지고 있는
결코 다 떨쳐 버릴 수도
떨쳐 버려서도 안 될 것 같은
그 미안함과 죄책감에 대한
예의이자 도리이지 싶습니다

용서란 게
피해자가 가해자를 마음으로
받아들일 때 가능한 말이지
가해자가 사과하고 뉘우친다고 해도
피해자가 받아들이지 못하면
진정한 용서가 아니라는 말처럼

내가 나 자신을 사랑한다는
그 마음에만 빠져서
잊을 수 있는, 잊어도 되는 것과
잊지 말아야 할 것도
구분하지 못한다면

나의 미안함과 죄책감은 거짓이 되며
내가 얼마나, 진심으로 자신을 사랑할 수
있을까 하는 생각이 들어서입니다

자신을 사랑한다는 의미는
자신의 주변에 있는 사람들과
모르는 타인들까지도

보듬고 사랑할 수 있는
선한 마음의 출발점이라는 믿음을 가지며

더 소중하고 진지하게
그 가치와 의미를 돌아보고자 합니다

My Way

I feel that I've come too far to turn back now.

I made many wrong choices, and some of them,
I didn't even realize until much later.

Only after deeply recognizing my own foolishness
was I finally able to step onto a better path
and in a better direction, fortunately.

I know I still have a long way to go,
but I just keep walking.

Just like on a cloudy day,
the sun might shine or it might rain⋯

Everything passes, and it slips away from my
heart quicker than I think.

Pls accept everything calmly, without trying to hold on to it or forcefully let it go…

Life needs a bit of emptiness or incompleteness, so that there is room to be filled again.

All that comes must go, and what has gone is bound to return whether near me or not…

The time behind me, the road ahead.

해인사에서

해인사에서 아주 오랜만에
수북이 쌓인 흰 눈 위를
걸어 봅니다

어린 시절 눈이 내릴 때
친구들과 추운 줄도 모르고
신나게 놀았던 기억들이
갑자기 떠오르면서

그때로 돌아간 듯 마음 한구석에서
따듯한 느낌이 흰 눈이 주는 푹신함과
함께 몽글몽글 피어납니다

내 마음은
새하얀 눈 위에 선명하게 찍히는
발자국과 함께 뒤에 남고
내 몸만 앞으로 가는 듯합니다

대적광전으로 올라가는 길 양옆의

나무들 위에 소담스럽게 내려앉은 눈들이
불어오는 찬바람을 이기지 못하고
내 머리와 어깨 위로 가만히
내려와 앉습니다

내 어깨에 오랫동안 놓여 있는
미안함과 아쉬움과 안타까움도
내려놓고 가고 싶은데
이놈들은 전혀 내려올 마음이 없나 봅니다

그래
아직은 때가 아닌가 봅니다

내가 더 보듬고 보살펴 주다 보면
언젠가 알아서 스스로 떠날 것입니다
올 때에 그랬던 것처럼…

흰 목련

겨울의 끝자락에서
봄이 채비를 하고 있으면

흰 목련이 활짝 피기를
기다리는 내 마음은
이미 저만치 앞서 있습니다

흰 목련이 피어, 바라볼 때면
흰 목련의 그 색깔에서
나는 가슴 아리는 슬픔과
상실한 그리움이 밀려옵니다
영원히 치유될 것 같지 않은…

흰 목련의 그 색깔이
내가 흰 목련을 좋아하는
아니, 사랑하는 이유이며
너무나 짧게 내 곁에
머물다가 떠나가기 때문에
더욱더 애틋합니다

나의 마음속에
오래도록 남아 있는 슬픔과

평생을 함께할 것 같은 그 후회를
나는 흰 목련을 통해서 보는지도 모릅니다

앞으로 몇 번이나 더 흰 목련을
볼 수 있는지는 알 수가 없지만

다시 흰 목련이 피는 봄을 기다리는
아픈 설렘이 아직은 함께 하기에
나는 행복한 사람입니다

흰 눈이 내릴 때

세찬 겨울바람에
흩날리는 가는 눈발들

한여름 무성했던 잎들을
자랑했던 나무는

가지마다 앙상한 흔적만을 남긴 채
제자리로 돌아가 텅 비어 있고

내리는 흰 눈은
머무를 자리가 없어

하염없이 비처럼 떨어져
내리고 사라집니다

다시 여름이 오면
푸른 잎들은 또 그 자리에 찾아오겠지만

겨울이 다시 와도

지난해에 내린 눈은
그곳을 기억하지 못하고

불어오는 바람 따라
머무를 자리를 찾으러 돌아다닐지 모릅니다

나는
어디로 가고 있는지 알고 있다고 생각했는데

바로 그 길 위에서
그 길의 한가운데에서
길을 잃어버리고는

잃어버렸는지도 모른 채
서 있었으면서도 몰랐습니다

마치 바람에 흩날리어 어디로 갈지
모르는 저 눈처럼…

이제라도 알게 된 것이 다행인지
모르는 것이 좋은 건지
이 마음은 아직도 알 수가 없습니다

오래된 습관

우리는 어떤 습관과 단절을 결심할 때에
아쉬움과 허전함과 미련이 생깁니다

하지만, 다시 원래의 습관으로
돌아갈 수 있다는 무의식의 작용으로
어떤 두려움은 느끼지 못합니다

우리가 의식할 수도 있고
의식하지 못할 수도 있겠지만

살아간다 혹은 살아져 간다는 것이
인간으로 태어나서 가장 오래
마지막까지 지니고 가는 습관입니다

살아가면서 평생을
그림자처럼 함께하는
이 습관을 제대로 살펴보고, 돌아보고
따듯하게 보듬어야 합니다

이 가장 오래된 습관과의
영원한 헤어짐이 죽음이며

다시는 돌이킬 수 없다는 사실 때문에
우리가 의식적이든, 무의식적이든,
막연한 혹은 낯선 두려움을 가지는
이유일 수 있습니다

그저 오늘, 지금
자신의 생각과 말과 행동에
항상 깨어 있는 사람으로 당당하게
자신의 길을 걸어가는 사람이고자 합니다

이해의 착각

본래 말이 없던 그 사람은
더욱더 말을 아끼기로 합니다

오랜 시간 다듬었던 생각들이
선의의 마음으로 하는 말들이

생선 조각 잘리듯이 토막 나고
허공에 빈 메아리가 되어 흩어지며
늦은 가을 속절없이 떨어지는 낙엽 같아서…

누군가의 말을 들을 때
많은 사람들은 바로 다 이해한다고 말합니다
그 말을 다 듣기도 전에

나는 생각해 봅니다
다 알고 이해한다고 말하는 것에 대하여
살면서 너무 많은 실망을 했기에…
또한, 나는 그러지 않았는지에 대하여

어떤 사람이 말을 할 때
귀에 들리는 대부분의 단어들은
이제껏 살면서 듣고, 읽고, 보고
사용하고 있는 친숙한 것들입니다
뜻이든, 개념이든, 이미지이든

문장은 단어들로 이루어져 있고
많은 사람들은
자신이 다 안다고 생각되는 단어들이
그저 귀에 들리기 때문에

아무런 거부감 없이, 자동적으로
듣는 순간
그 말의 의미와 그 말을 하는 사람을
이해한다고 착각한다는 것입니다

이 착각은 타인에 대한 부족한 이해의
가장 크고 중요한 원인이 되며

만들어져 버린 생각과
스스로 만든 철옹성 같은 틀과 어울러서
매일매일 더욱더 견고해집니다

우리 모두는

자신은 물론 타인들에 대하여 착각하지 않고

더욱 성숙한 인간으로 나아가기 위해서

무엇을 말하고 어떻게 들을지에 대하여

좀 더 신중하면 좋을 것 같습니다

나의 그리움

누군가는 그리움을
글 속에 감추고

누군가는 그리움을
술잔에 채우고

누군가는 그리움을
마음에 담는다

나는 나의 그리움을
어디에 두고 싶은 걸까

나의 눈길, 나의 손길, 나의 발길이
닿는 곳마다 스며 있는

그 그리움을 차마 가두어
둘 수 없기에

나의 그리움은
어느 곳에나 있고

또 그 어디에도 없다

나의 그리움은
넘치지도 않고
모자라지도 않기에
더하거나 뺄 것도 없고

어제와 오늘과 내일이 같아서
굳이 찾을 필요도 없다

내면의 힘

너무나 어렵고 힘든 일이 있을 때
의지가 되고 힘이 되는 누군가가
곁에 있다면 큰 도움이 되겠죠

살아가다 보면 언제 어디에서나
더 큰 슬픔과 감당하기 버거운 일들이
우리 앞을 막아설 수가 있습니다

그때마다 누군가가 항상 곁에 있고
바로 찾을 수 있다고 할 수 있을까요?

외롭고 막막할 수는 있겠지만
최대한 혼자 그 길을 헤쳐 나가려는
노력을 끊임없이 해야 합니다

내 곁에서 힘이 되고 의지가 되었던
그 사람(들)도 어느 날 갑자기 영원히
내 곁을 떠나갈 수도 있고

그 사람(들)이 나보다 더 어려운 상황에
처해질 수도 있습니다

우리 모두는
자신의 내면으로부터 만들어지는
단단한 힘을 믿어야 합니다

사람들은 자신이 속고
자기를 속이는 그 가짜 감정이
진짜라고 착각하며
착각인지도 모를 때가 많습니다
그 가짜 감정으로 타인들도 속이지만
그것도 잘 모르는 것 같습니다

많은 사람들이 "나는 그렇지 않다"고
강변하지만 안타깝지만, 실상입니다

우리 스스로가 만들어 가는 그 힘으로
가짜를 만들지도 말고
가짜에 휘둘리지도 않으면서

투명할 것 같지만

그 두꺼운 가면을 이제는 벗고

우리 앞에 다가오는 그 길을

담담히 그러나 당당하게 맞이하면

좋겠습니다

눈높이

생각은 눈으로
눈은 마음으로
마음은 손으로

선한 생각은 선한 손으로
악한 생각은 악한 손으로

원 안에서의 마음, 생각과
원 밖에서의 마음, 생각이 같다면
훨씬 더 큰 편안함과 자유로움에
다가갈 텐데…

먼저 하는 후회는 없지만
단지, 사람들은 후회의 씨앗을
뿌리는지도 모른 체, 물을 주어 키웁니다

모든 오해와 오해가 키운 후회의
출발점이 되고
괴물처럼 자라난 오해와 후회는

활화산처럼 뿜어져 나와서 당신의
온몸과 마음을 집어삼킬 수 있습니다

우리는 타인을 알고 있다고, 이해한다고
쉽게 생각하거나 말하지 않았으면 좋겠습니다

우리는 타인에 대해 너무나 쉽게
자신의 단단한 틀에 맞추어 평가하고
재단하는 것에 익숙해진 나머지
곧 익숙해진 것도 잊어버립니다

우리 모두는
자신이 자기 자신을 보고 알 수 있는 만큼만
자신이 현재 지니고 있는 그 시선의 높이만큼만

타인을 보고 이해하고 알 수 있다는 점을
항상 먼저 생각하고

지금 자신의 눈높이가 어디에 있는지
겸손하고도 냉정하게 살펴보면서

자신의 눈높이를 조금 더 높일 수 있도록
노력하면 좋겠습니다

가면을 벗고

인간의 본성, 감정, 습관, 선택 등은
깊이 잠겨 있어서
스스로도 알 수가 없습니다

우리 모두는
스스로 선하게 살고 있다는
자기 만족과 위안을 하면서
여러 개의 가면을 바꿔 쓰면서
매일매일을 살아갑니다

평상시에 사람이 하는
선한 듯 보이는 생각, 말, 행동은
조건만 갖추어지면
본래의 모습으로 드러나게 됩니다
더 이기적이고 악한 모습으로

마치 휴화산이 활화산으로 변하여
모든 것을 집어삼키고 난 후에
아무 일 없듯이 제자리로 돌아가는 것처럼

어리석은 생각과 말과 행동에 대하여
자신만의 든든한 방어막을 치고는
깊은 어둠 속에 있으면서
밝은 빛 속에 있다고 착각하며 만족합니다

누군가가 어둠을 걷어 주려고 해도
스스로가 받아들일 준비가 되어 있지 않다면
아무런 소용이 없을 것입니다

항상 겸손한 마음으로
부단히 자기 자신을 되돌아보고 대화할 때
자신을 아끼고 사랑할 수 있는
그 길에 들어섰음을 느낄 수 있을 것입니다

우리 모두는
이 무겁고 복잡한 가면을 벗고
이제는 좀 더 가볍게 살아가기를 바랍니다

생각의 길에서

일상생활에 대한 반응은
생각한다, 사고한다는 것과
명백히 다름을 알지 못하고

언제나 생각/사고하면서 살아왔고
살고 있다는 착각 속에 있음은
그 착각을 단 한 순간도
깨닫지 못한 곳에서 시작된다고 생각합니다

사고한다는 것은
부단한 노력을 통한 훈련/단련의 과정을
통해서만 얻어지는 고귀한 습관입니다

이 과정이 얼마나 어려운지는 직접 이 길을
걸어온 사람만이 알 수 있을 것입니다

당연하지 않은 것을 당연하다고
무심히 느끼며 지나가고

당연한 것을 당연하지 않은 것으로
그냥 흘려보내는 그 순간순간들이

우리가 지금 만들어 놓은 오늘입니다

내일에 대한 기대나 바람이 있다면
오늘을 어떤 생각으로 사느냐에 따라
오지 않은 내일은 이미 우리 곁에
환한 모습으로 다가와 있을 것이고

지금 내일에 대한 아무런 기대가 없다고 해도
오늘 우리가 적은 노력이라도 기울인다면

아주 조금씩, 자신도 모르는 사이에
희망으로 채워지는 내일과 함께
마주 보고 걸어가는 당신의 모습을
발견하게 될 것입니다

사람들

우리는
한없이 길 것만 같지만

결국 짧은 인생이라는
이 길을 걸어가며

많은 일들을 겪게 되는데
거기에는 항상 사람들이 있습니다

한 번을 만났어도
깊은 여운이 남는 사람도

오랜 시간을 보고 있어도
서로의 사이에
벽이 있는 것 같은 사람도

나의 모든 것을 오롯이
내어 줘도 아깝지 않을 것 같았던 사람도

살면서 두 번 다시는 마주치지 않기를
바랐던 사람도

되돌아보면
나의 주위에 좋은 사람들이
훨씬 더 많았음에 감사하고

지금
선한 마음과 태도를 지닌
사람들을 만나게 됨에
다시 한 번 감사한 오늘입니다

내일이 오늘이 되면
그 오늘도

오늘이었다가 어제가 된
그 오늘처럼

흔들리지 않는 마음으로
살아가는 그런 사람이고 싶습니다

말보다 태도

계절이 한마디
말없이
우리 곁에 다가와도
우리가 오롯이 느낄 수 있듯이

사람의 눈빛, 표정, 말투에서
우리는 그 사람을 알 수가 있습니다

타인에 대한 무례한 말투와
배려심이 상실된 그 태도에서

그 사람은 바로 눈앞에 있지만
십 리 길이나 멀리 있는 사람이 됩니다

우리는 우리의 말을 담는 그릇이
깨어져 있는 것은 아닌지
금이 가 있는 것은 아닌지
세심한 눈길로 살펴봐야 합니다

그릇에 맛있어 보이는 음식이 담겨 있어도
그 그릇이 깨어지고 금이 가 있다면 어떨까요?

우리가 하는 말의 내용보다도
그 말을 담고 있는 우리의 태도는

우리의 민낯을 투명하게 비춰 주는
거울이 되며
깊이 감추려고 해도 감출 수 없는
우리의 참모습을 바로 보여 줍니다

단지, 상대방만을 바라보며
자신에게는 눈을 감고 있을 뿐…

소녀와 소년

한 소녀가 말합니다
나중에 하늘로 올라가 가장 반짝이는
별이 되고 싶다고…

그 소녀의 곁에서 한 소년이 기도합니다
나중에 소녀가 별이 되면
바라볼 수 있게 해 달라고

나는 묻습니다, 그 소년에게
좋아하는 그 소녀의 바로 옆에
있고 싶은 것이 아닌지…

소년은 수줍지만 환한 미소를 머금고
말합니다

소녀의 얼굴을 그저 바라볼 때가
가장 행복한데
옆에서는 잘 보이지 않을 것 같다고…

소년은 덧붙입니다

소녀를 처음 본 그해, 그 계절, 그날 이후는

언제나 따듯한 봄날이었다고…

나는 소년의 그 단순한 말에

가슴 한 곳이 먹먹해지고

이유 있는 슬픔이 차오름을 느낍니다

소년은 사람을 사랑할 줄 알고 있고

먼저 하는 후회가 없음의 참의미를 아는

지혜가 있어서 나보다 훨씬 낫습니다

나는 별이 된 소녀와

그 소녀를 바라보는 소년을

미리 봅니다

그림자처럼

지켜 주지 못한 사람들
함께하지 못한 사람들

내가 사랑한, 나를 사랑한 사람들
내가 미워한, 나를 미워한 사람들

마지막 순간이 올 때까지
내 옆이든, 내 마음 속에서든
내 기억 속에서든
생각나는 사람이 있다면

갑자기 튀어나오는 고마움과
미안한 마음을 굳이 누르지도 말고

그 두 마음을 억지로 꺼내어
보려고도 하지 말고

그저 나와 함께하는 그림자처럼
받아들이면 좋겠습니다

빗장이 없는 공간

사람의 손길이 닿을 수 없는
깊은 바닷속에 가라앉아 있어서
건져 올리려 해도 끄집어낼 수가 없고

손가락 사이를 빠져나가는 물을
애를 써도 잡을 수 없는 것처럼

아무리 노력해도 기억해 낼 수가 없는
인간의 무의식은

실제로는 빗장이 없이 잠겨 있어서
살짝 부는 바람에도 공간이 생기고
조그만 충격에도 틈이 벌어져서

언제 어디서나 그 사이를 비집고 나와서
살아 있는 생명체처럼 숨을 쉬고
움직입니다

한번씩 사람들이

"내가 왜 그런 말을 했는지, 행동을 했는지
모르겠다"고 하는 것은

상당 부분은 벌어진 틈으로 새어 나온
무의식이 결합하여 생긴 결과이지만
우리들이 제대로 느끼고 깨닫기가
힘들기 때문이라고 생각합니다

우리가
자신을 찬찬히, 차분히 들여다보는
시간을 가지면 가질수록

무의식에 잠겨 있지만
열린 그 틈 속에 숨어 있는 우리 본연의
모습과도 마주하며 대화할 수 있고

우리가 살아가면서
진정으로 원하는 것이 무엇인지
소중하지만 놓치고 있는 것이 무엇인지도
볼 수 있지 않을까 하는 생각을 해 봅니다

왜

어떤 시간, 어느 공간에 처해 있을 때
가능한 한, 왜라는 생각이나 질문을
스스로에게 하지 않으려고 합니다

왜라는 물음은
지금 있는 그 시간과 공간에
나의 불만과 짜증 섞인 마음이 배어
나오는 것이라는 생각이 들어서입니다

한마디 말을 하지 않아도
나의 표정이나 태도는 이미 주변에 있는
사람들에게 많은 말을 하고 있습니다

있어야 할 자리이든, 있고 싶은 자리이든
있고 싶지 않은 자리이든

지금 내가 그 시간과 공간에 있을 때는
다 이유가 있기 마련입니다

그저 편안히 받아들이는 마음을 내어
나의 주변과 사람들을 돌아본다면

어떤 자리이든
여유로운 시선과 마음이 먼저 와서
나를 편안하게 맞이할 것 같습니다

마음

마음이란 게 형태가 없으니
전부나 일부를 뚝 떼어 내어
줄 수 있는 것이 아니고
받을 수 있는 것도 아니니

마음을 준다
마음을 받는다는 말은

서로의 기대나 욕심을 잠시 동안
나누어 가지는 것은 아닐까 하는
생각이 듭니다

그 기대나 욕심이 충족되지 않거나
더 큰 기대나 욕심이 생기면

그때에는 또
마음이 식었다는 말을 하는 것이
아닌지 모르겠습니다

마음은 항상 그 모습 그대로라고 하는데
우리들이 쉼 없이 마음이라고 부르면서

우리의 욕망에 따라 퍼즐 조각 맞추듯이
반복하는 것은 아닐까요?

사라진 퍼즐 조각에 약간의 아쉬움은
남겠지만, 큰 미련은 없듯이

맑은 날, 흐린 날, 비 오는 날을
그러려니 하면 잘 살아 내듯이

시시때때로 변해 가는 모든 것들에
보이지도 않고, 만질 수도 없는
마음을 불러내어서

있네, 없네 하고 찾으면서 스스로를
힘들게 하지 않았으면 좋겠습니다

눈을 감다

피지도 못한 꽃이
진 게 아니라

피어 보지도 못한 꽃이
진다

마음이 아픈 게 아니라
마음이 무너져 내린다

마음이 아픈 건
여름철 소나기를 만난 것처럼
지나갈 수 있겠지만

마음이 무너지면
태풍에 휩쓸려 간 나무처럼
그 마음도 뿌리가 뽑힌다

가시에 살짝 찔린 자신의 손가락을
크게 베인 상대방의 상처보다

더 깊고 중하게 여기며

조금 아픈 자신의 마음을
마음이 무너져 내린 상대방보다
더 안타깝게 생각하고

말로는 상대방을 위로하는 듯
마음으로는 자신을 위하기에 바쁜
그 거짓과 위선

스스로 거짓인지 위선인지 모르고
알고 싶은 마음도 없고
알려고 해도 알 수 있는 힘도 없으니

막다른 골목길을 걸어가면서
되돌아 나와야 되는 것을 모른다

걸어온 시간 + 걸어갈 길

ⓒ 알프레드 김, 2025

초판 1쇄 발행 2025년 9월 2일

지은이	알프레드 김
펴낸이	이기봉
편집	좋은땅 편집팀
펴낸곳	도서출판 좋은땅
주소	서울특별시 마포구 양화로12길 26 지월드빌딩 (서교동 395-7)
전화	02)374-8616~7
팩스	02)374-8614
이메일	gworldbook@naver.com
홈페이지	www.g-world.co.kr

ISBN 979-11-388-4651-6 (03810)

- 가격은 뒤표지에 있습니다.
- 이 책은 저작권법에 의하여 보호를 받는 저작물이므로 무단 전재와 복제를 금합니다.
- 파본은 구입하신 서점에서 교환해 드립니다.